# 땅속 생물 이야기

마쓰오카 다쓰히데 그림 · 오오노 마사오 글 · 김창원 옮김

우리 사람보다 슬기롭게 사는 생물들이 있다…

땅을 파면 개미집이 곧잘 눈에 띕니다.
가끔 지렁이나 장수풍뎅이의 애벌레도 보입니다.

우리들이 쉽게 들여다볼 수 없는 땅속
- 그 곳에는 어떤 생물들이 어떻게 살아가고 있을까요?

곰개미

고치를 정리하는 곰개미
고치를 곤충의 알로
잘못 아는 경우가 많은데
고치 안에는 번데기가 들어 있다.
이것이 알과 다른 점이다.

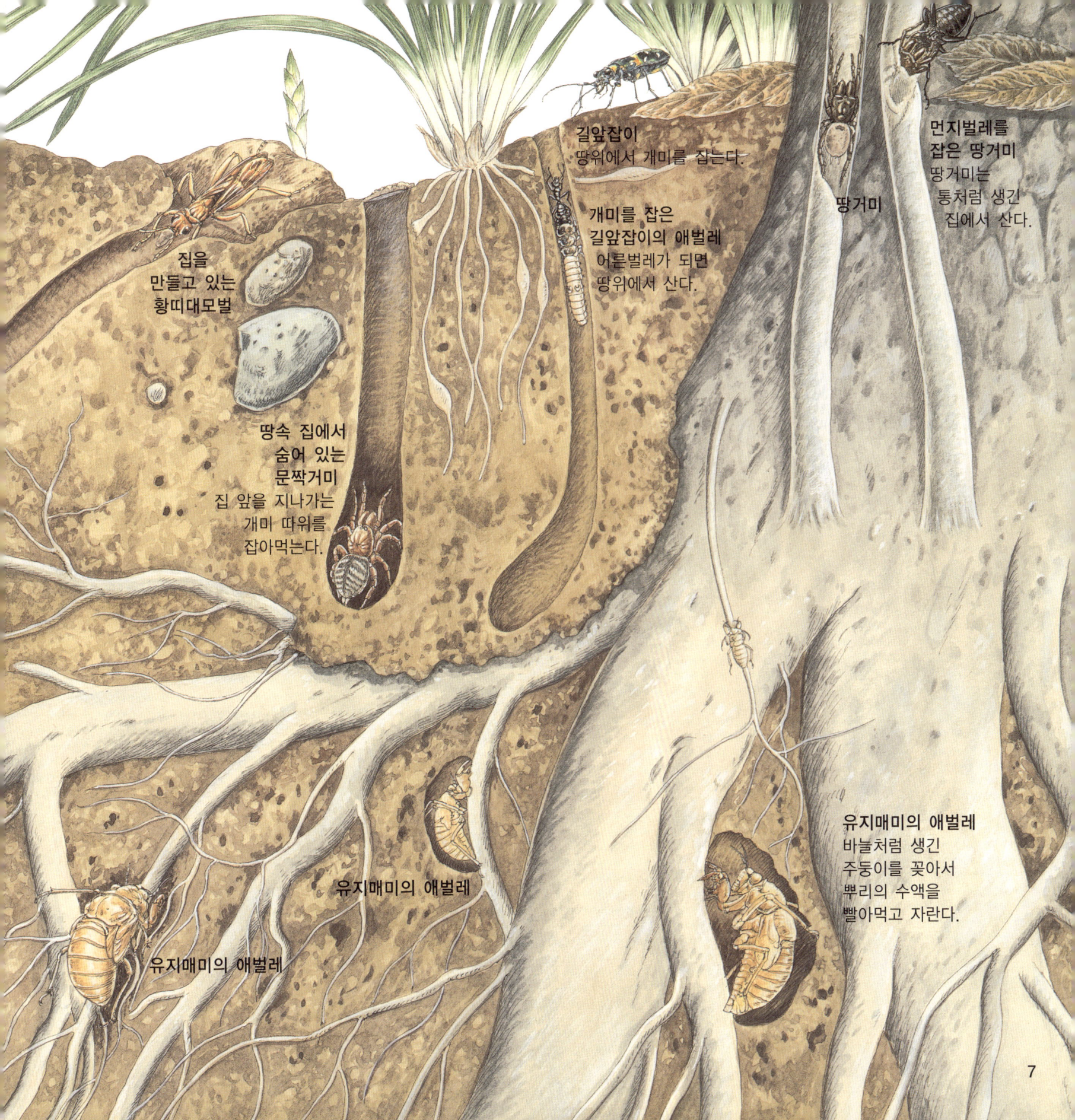

지네

왕개미

모메뚜기

흰테두리땅노린재

공벌레

나나니벌

개미귀신(명주잠자리의 애벌레)
개미가 모래 구멍 안에 들어오면
모래를 끼얹어 개미를 밑으로
흘러내리게 하여 붙잡는다.
어른벌레가 되면 투명한
큰 날개를 펄럭이며 난다.

나나니벌은 자기의 알을
나방의 애벌레 몸에
붙여 낳는다
이때 나방의 애벌레는
죽지는 않았지만 꼼짝 못하고
나나니벌의 알이 부화해서
애벌레가 되어 자랄 때까지
먹이가 된다.

밭이나 부드러운 흙 속에
숨을 곳을 만들어 놓고
가끔 땅위로 올라와서
야채를 먹는 벌레도 있습니다.

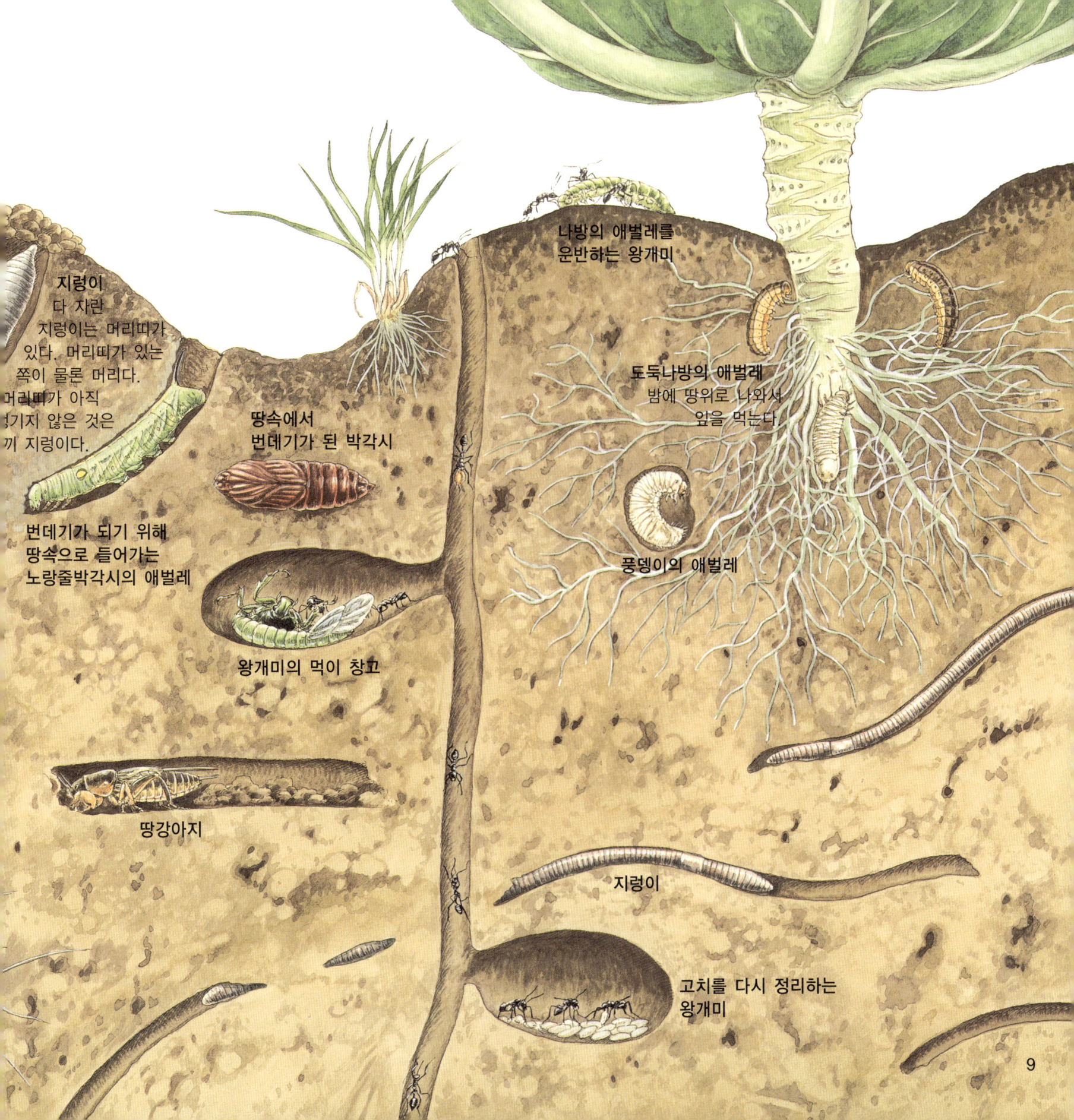

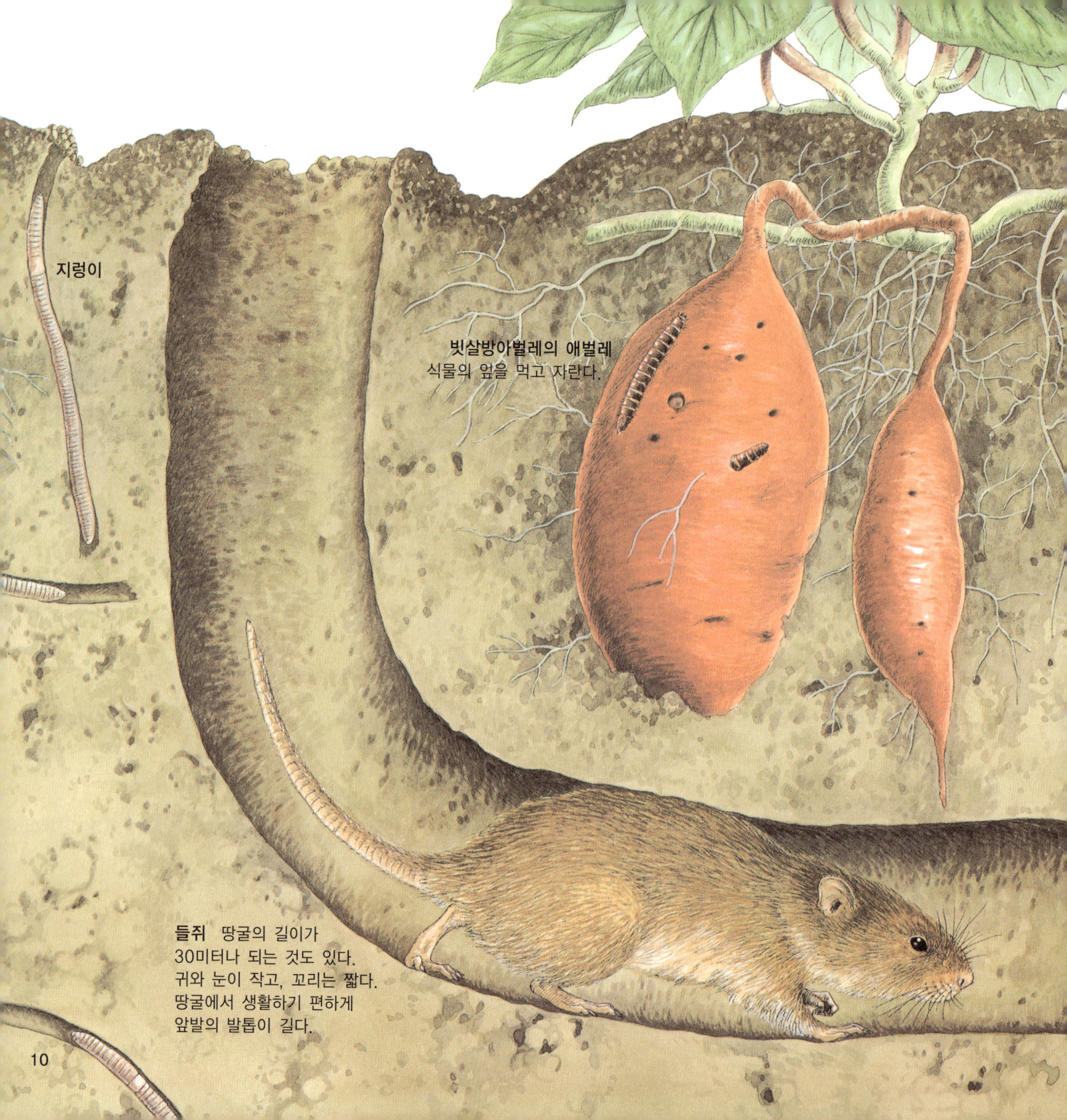

지렁이를 먹고 있는 딱정벌레　송장벌레　꼬마검정송장벌레　머리먼지벌레　왕귀뚜라미(수컷)　북방보라금풍뎅이(암)

동물의 똥이 떨어져 있는 곳에는
그것을 먹는 벌레들이 모여듭니다.
그 중에는 똥을 빚어서 경단처럼 만들고
거기에 알을 낳는 색다른
벌레도 있습니다.

**백합관총채벌레**
애벌레도 어른벌레도
백합 뿌리의 수액을
빨아먹고 지낸다.

**북방보라금풍뎅이의 알**
북방보라금풍뎅이는 구멍 속에
짐승의 똥을 모아 두고
거기에 알을 낳는다.
부화한 애벌레는
똥을 먹고 자란다.
어른벌레가 되면
땅위로 나온다.

들쥐가 파 놓은
구멍에 빠진 풍뎅이의 애벌레

들쥐가 파 놓은 구멍에 잘못 들어온
지렁이 새끼(머리띠가 없는 것은 새끼)

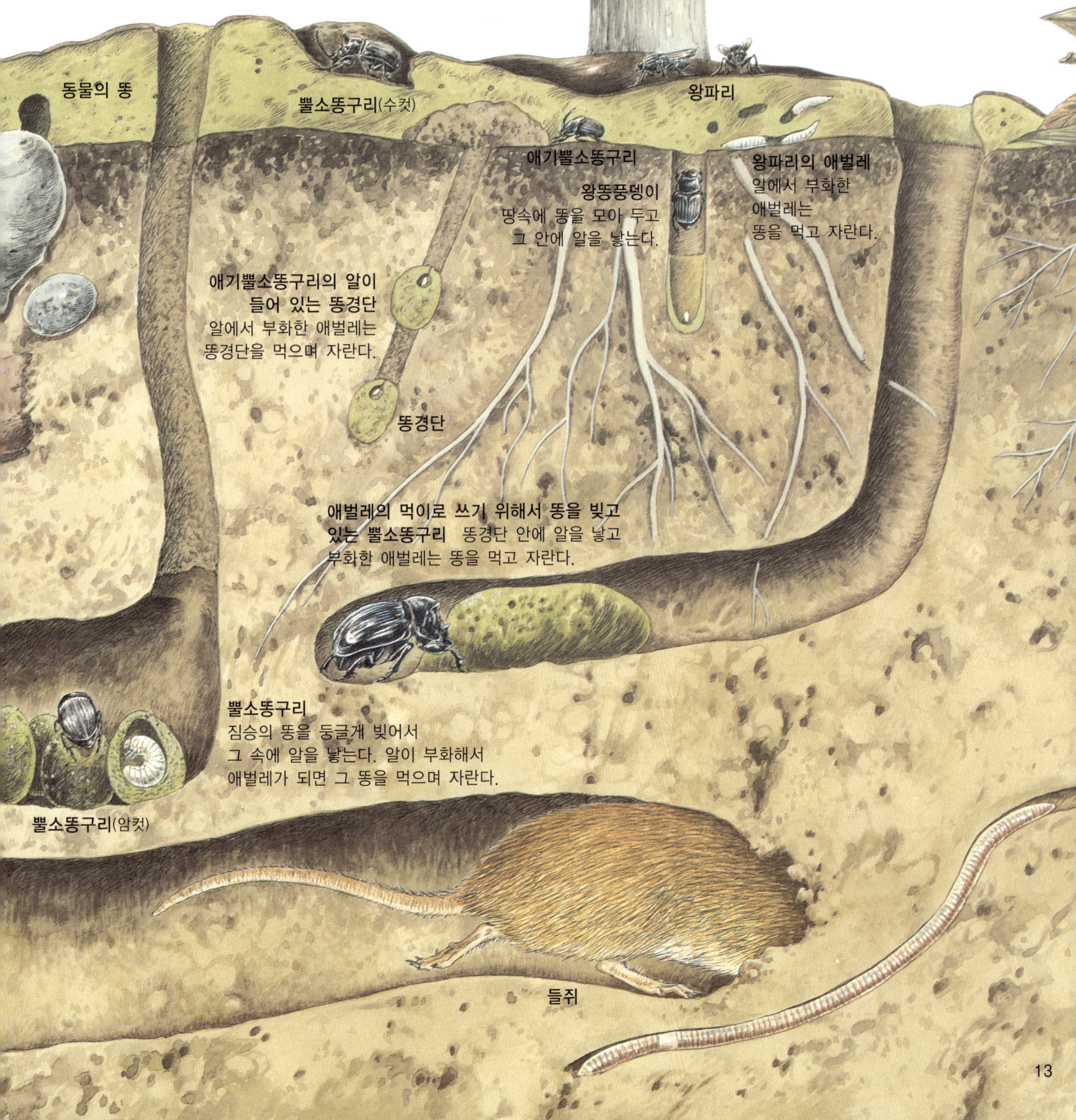

민집게벌레의 알
민집게벌레(수컷)
괄태충
곱등이
지렁이

썩어서 넘어진 나무 밑은
그늘이 져서 시원하고 눅눅합니다.
이런 곳에도 땅속에 사는 생물이 삽니다.

땅강아지
몸뚱이가 두더지같이 생겼다.
알을 낳은 다음 자기 몸으로 구멍을 막고 알을 지킨다.

땅강아지

땅강아지의 집과 알

나무 뿌리를 갉아먹는 들쥐

지렁이

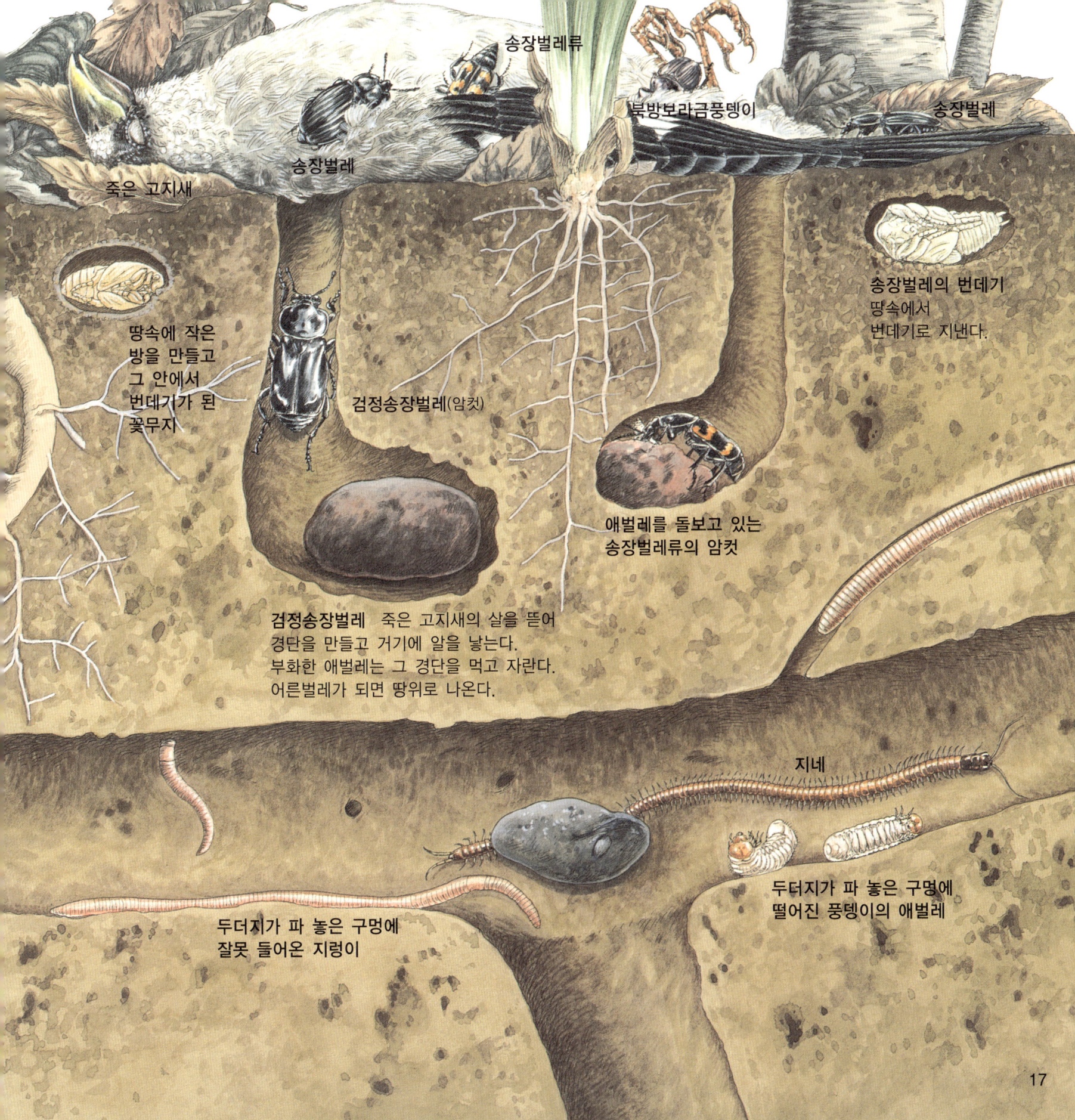

두더지
5월경 3, 4마리 정도의 새끼를 낳는다. 젖을 먹고 자라며 30~50일 정도 지나면 따로 독립해서 산다.

낙엽을 구멍 속으로 가지고 들어와서 먹고 있는 지렁이

두더지가 파 놓은 구멍에 빠진 공벌레

두더지의 새끼

땅속에서 사는 생물들 중에는
어른이 되면 땅위로 올라와 사는 것들이 많습니다.
하지만 두더지는 어른이 되어서도 땅속에서 삽니다.
땅위로 나가는 것이 몹시 싫은가 봅니다.

두꺼비
괄태충
달팽이류
알을 낳고 있는
슈레겔청개구리
무늬하루살이

물가나 물 밑의 땅속에도
여러 생물들이 살고 있습니다.

두더지

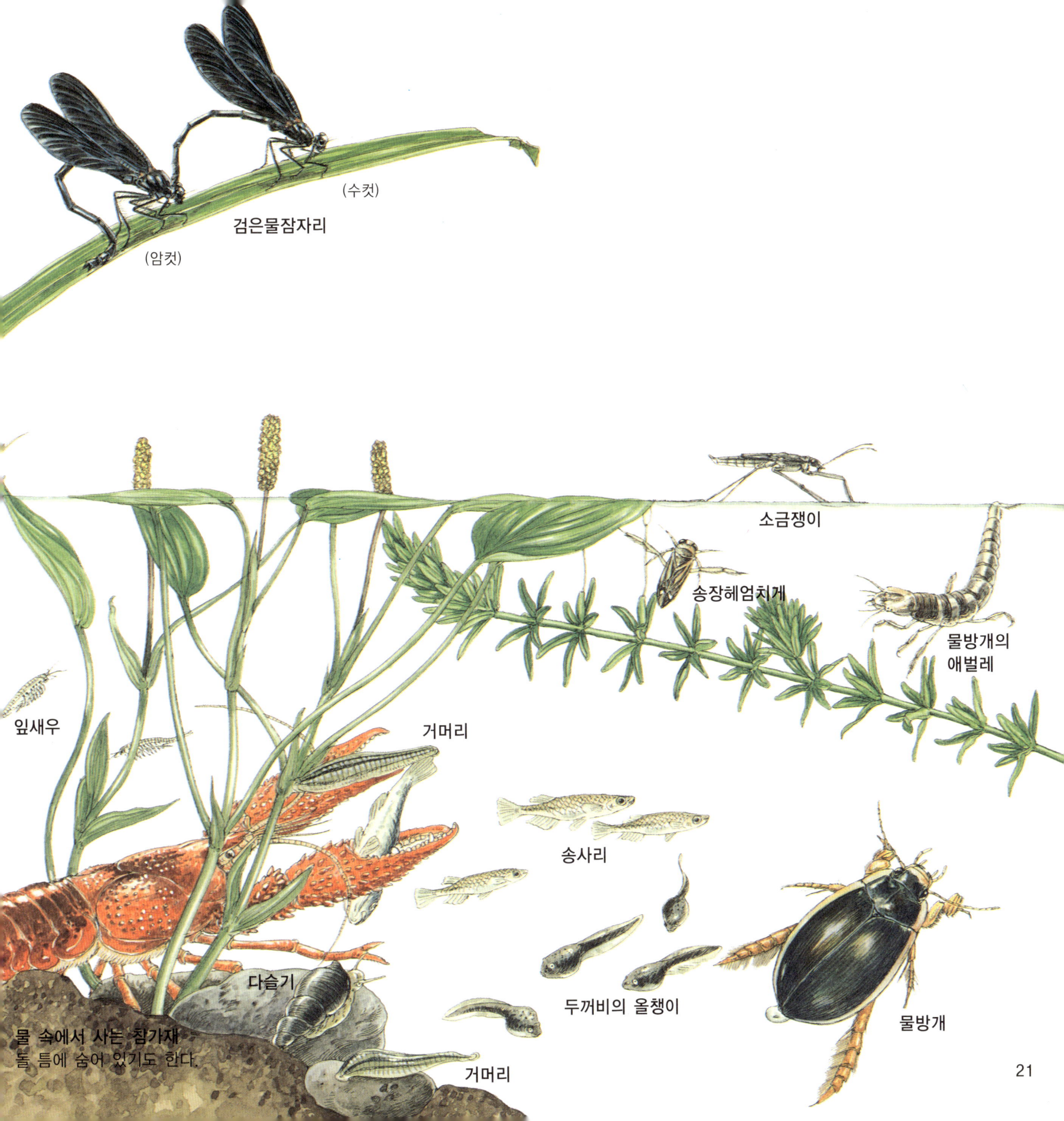

땅위에서 사는 동물 중에서도
땅 밑에 들어가 쉬는 것들이 있습니다.

두더지

율모기

**물총새의 새끼**
물총새는 언덕에
땅굴을 파서 집을 만들고
여기에서 새끼들이
날 수 있을 때까지 키운다.

새끼에게 줄 먹이를 잡아 오는
어미 물총새
먹이는 못이나 물 속의 고기이다.

하늘을 나는 새 가운데도
땅속에 구멍을 파고
둥지를 만드는 것들이 있습니다.

땅벌의 집

얕은 곳이나 깊은 곳이나 땅속에는 생물이 살고 있습니다.
흙이 딱딱하든 부드럽든 생물의 집이 없는 곳은 없습니다.

아무리 어둡고 눅눅해도 이들은 상관하지 않습니다.
땅속은 언제나 많은 생물들로 북적거립니다.

**땅벌의 집**
꿀은 맛이 좋아서
사람이나 곰이 이 집을 파헤치고
꺼내서 먹기도 한다.

물총새

**먹이를 운반하는 땅벌**
먹이는 개구리, 뱀, 메뚜기 등
여러 동물의 죽은 몸뚱이에서
떼어 낸 살점이다.

# 찾아보기

## ㄱ
개미귀신 8
거머리 21
거위벌레 16
검은물잠자리 21
검정송장벌레 17
게아재비 22
고구마잎벌레 11
고지새 17
곰개미 3, 4, 5, 6
공벌레 4, 8, 16, 18, 19, 24
괄태충 15, 20
금테줄배벌 6
길앞잡이 7
꼬마검정송장벌레 12
꼬마꽃벌 6
꼽둥이 15
꽃무지 17

## ㄴ
나나니벌 8, 24
넉점나무쑤시기 19
노랑줄박각시 9

## ㄷ
다슬기 21
도둑나방 9
두꺼비 20
두더지 16, 18, 19, 20, 23, 24, 26

들쥐 10, 13, 14, 15
딱정벌레 12, 25
딱정벌레버섯 25
땅강아지 9, 11, 15
땅거미 7
땅벌 31
뜰길앞잡이 4, 5

## ㅁ
마름무늬버섯벌레 19
매미버섯 25
맴돌이거저리 19
머리먼지벌레 11, 12
먹가뢰 11
먼지벌레 7
모메뚜기 8
무늬하루살이 20
무당거미 6
문짝거미 7
물방개 21, 23
물총새 27, 28, 29, 31
미꾸라지 22
민집게벌레 15

## ㅂ
박각시 9
백합관총채벌레 12
북방보라금풍뎅이 12, 17
북방실베짱이 5

붕어 22
빗살방아벌레 10
뿔소똥구리 13

## ㅅ
소금쟁이 21
송사리 21
송장벌레 12, 17
송장헤엄치게 21
슈레겔청개구리 20

## ㅇ
애기뿔소똥구리 13
애매미 24
여치 11
영원 23
왕개미 8, 9
왕귀뚜라미 12, 19
왕똥풍뎅이 13
왕잠자리 23
왕파리 13
우렁이 23
유지매미 7, 24
율모기 28
은줄조롱박벌 4, 5
잎새우 21

## ㅈ
장구애비 22

장수풍뎅이 25
장지뱀 27
족제비 27
주름개미 11
줄지렁이 23, 25
쥐며느리 5
지네 8, 17
지렁이 9, 10, 11, 12, 14, 15, 16, 19
짱구개미 16

## ㅊ
참가재 21
참개구리 22
창줄귀 25

## ㅋ
큰먼지벌레 4

## ㅍ
풀무치 11
풍뎅이 6, 9, 12, 16, 17, 25

## ㅎ
황띠대모벌 6, 7
흰개미 19
흰테두리땅노린재 8